Erhard Zauner

Nuevos Diez Mandamientos
– Diez Mindfulness –
para el tiempo desde y después de Corona

Erhard Zauner

Nuevos Diez Mandamientos – Diez Mindfulness – para el tiempo desde y después de Corona

Un borrador de mandamientos nuevos,
de aplicación general, que pueden servir
como guía ética para todas las personas,
independientemente de su religión o creencias

Título de la edición original:

Neue Zehn Gebote – Zehn Achtsamkeiten – für die Zeit von und nach Corona

Información bibliográfica de la Biblioteca Nacional Alemana:
La Biblioteca Nacional Alemana incluye esta publicación en
la Bibliografía Nacional Alemana; Los datos bibliográficos
detallados están disponibles en Internet en dnb.dnb.de.

Bibliografische Information der Deutschen Nationalbibliothek:
Die Deutsche Nationalbibliothek verzeichnet diese Publikation
in der Deutschen Nationalbibliografie; detaillierte bibliografische
Daten sind im Internet über dnb.dnb.de abrufbar.

© 2021 by Geschichtswissenschaftliche Gesellschaft Wien
(Sociedad Histórica de Viena), ZVR:626233967

Fotos: „Erhard Zauner" by z-foto, © 2018
        Cover: Isla Rab by Erhard Zauner, © 2011

Puede comunicarse con el autor en: info@gwgwien.at

Herstellung und Verlag: BoD – Books on Demand, Norderstedt

ISBN: 978-3-75-575382-7

Agradezco a todos los que
ayudaron a publicar este libro.

Dedico este libro a todas las personas
que no quieren que se les diga qué creer.

Contenido

Introducción

Durante cincuenta años me he ocupado de cuestiones de historia de la religión, filosofía de la religión y ciencia de la educación, especialmente en el ámbito judeocristiano. Habiendo crecido desde que nací sin creencias religiosas y sin influencias dogmáticas, me resulta mucho más fácil abordar esas cuestiones que están en la frontera entre religión, filosofía e historia de una manera completamente neutral y abierta. En el curso de mis estudios de la Biblia, por supuesto, también analicé los Diez Mandamientos y encontré una serie de inconsistencias. En una inspección más cercana, quedó claro que los Diez Mandamientos clásicos de la Biblia no cumplen con los requisitos que se establecen en la ética universal. Son absolutamente sexistas, xenófobos, desequilibrados y no moldeados por el "amor divino" que todo lo abarca que siempre es enfatizado por la iglesia.

Por otro lado, el mandamiento bíblico de amar al prójimo no encontró un lugar entre los diez (más importantes) mandamientos, ni en la primera ni en la segunda versión. Además, la caridad no es una invención de Jesús o del cristianismo, porque esto ya está anclado en el Antiguo Testamento. *(Lev 19:18) sino amarás a tu prójimo como a ti mismo.* Sin embargo, este mandamiento de amar a tu prójimo se cita varias veces en el Nuevo Testamento en diferentes contextos. Sin embargo, es particularmente notable el pasaje en el que Jesús extiende la caridad para amar al enemigo. Él describe la caridad como algo en realidad muy banal, ya que, en su opinión, no vale la pena amar a quienes también te aman. En mi opinión, se hace una restricción o acortamiento inadmisible. En la declaración original *"sino amarás a tu prójimo como a ti mismo"*, no se hace distinción entre si el prójimo también te ama o no, si es un amigo o un enemigo. En mi opinión, el mandamiento de amar al prójimo en el Antiguo Testamento ya incluye el amor a los enemigos, mientras que Jesús, innecesariamente, solo lo reduce a "queridos prójimos". *(Mat 5:43) "Oísteis que fue dicho: "Amarás a tu prójimo y odiarás a tu enemigo". (44) Pero yo os digo: Amad a vuestros enemigos, bendecid a los que os maldicen, haced bien a los que os odian y orad por los que os ultrajan y os persiguen, (45) para que seáis hijos de vuestro Padre que está en los cielos, que hace salir su sol sobre malos y buenos y llover sobre justos e injustos. (46) Si amáis a los que os aman, ¿qué recompensa tendréis? ¿No hacen también lo mismo los publicanos?*

El primer mandamiento mencionado en la Biblia es *(Gén 1:28) "Fructificad y multiplicaos; llenad la tierra y sometedla; ejerced potestad sobre los peces del mar, las aves de los cielos y todas las bestias que se mueven sobre la tierra",* tampoco es parte de los Diez Mandamientos. Sin embargo, la segunda parte, subyugar y gobernar, se practicó a veces de manera muy excesiva, lo que por un lado condujo a la explotación de la tierra y por otro lado a la producción animal industrial inhumana, ya que los animales son simplemente vistos como una cosa sobre la que gobernar.

Sobre la base de este conocimiento de que los Diez Mandamientos bíblicos eran inadecuados, surgió la idea de diseñar una versión nueva, completa y equilibrada de los Diez Mandamientos para todas las personas de todas las religiones, pero también para los no confesionales y los llamados incrédulos.

Por lo tanto, me pareció sensato e importante encontrar una versión contemporánea y universalmente válida de los Diez Mandamientos que pueda ser aceptada tanto por personas de diferentes religiones como por agnósticos. Para que no surja ninguna impresión errónea, no quiero competir con Dios, si es que hay alguno, especialmente no con el vengativo Yahvé, el Dios de la Biblia, que se considera a sí mismo responsable sólo de los descendientes de Jacob. Estos son mandamientos humanos a tu disposición, no hay penas por incumplimiento, ni amenazado ni ejecutado. Nadie tiene que dejar su fe, ni tiene que unirse a una nueva comunidad religiosa, porque con mis Diez Mandamientos – Diez Mindfulness – no hay credo, religión, contribución de la iglesia ni dogmas. Originalmente planeé usar el título de este libro como "Diez Mandamientos Nuevos – Diez Mindfulness – para el siglo XXI". La ocurrencia de la pandemia de la corona, sobre la necesidad médica o la motivación económica y política de la que no quiero comentar más, representa un impacto dramático en la vida de muchas personas, lo que lleva a muchos a cuestionar mucho o buscar una nueva dirección. Por lo tanto, ahora agregué la adición "para el tiempo desde y después de Corona" al libro.

No he formulado mis mandamientos ni como una petición exclusiva "deberías ...", ni como una prohibición "no deberías ...", porque la convivencia de las personas en la sociedad es mucho más diferenciada que se puede separar en buenas y malas acciones, ni que se puede regular con mandatos y prohibiciones. Mis mandamientos son llamados a que cada uno sea consciente de los efectos de lo que hace. Por eso prefiero llamarlos "mindfulness". Sin embargo, me he referido a ellos en el título del libro como "Diez Mandamientos" para que este libro pueda ser clasificado y asignado al tema relevante a primera vista.

He formulado deliberadamente los nuevos mandamientos de manera muy breve y concisa para que sean fáciles de recordar y puedan aplicarse en la medida de lo posible. Añado explicaciones ejemplares a los mandamientos individuales con el fin de conocer mis pensamientos que llevaron a la formulación respectiva, y comprender mejor lo que significan. Sin embargo, estos de ninguna manera son exhaustivos, porque no quiero elaborarlos, definirlos y ciertamente no prescribirlos en el sentido de un sistema filosófico o teológico hasta el más mínimo detalle. También daré analogías y referencias a los mandamientos bíblicos clásicos para mostrar que todas esas partes que son de validez eterna también están incluidas en la mía, por lo que estas van mucho más allá de eso. También señalaré lo que creo que son restricciones innecesarias y sin sentido de los mandamientos bíblicos. Los mandamientos puramente teológicos del culto y los actos ritualistas están completamente ausentes de mí, ya que en mi opinión no tienen validez general, sino que son solo específicos de religión o denominación, y solo sirven para subordinar a los creyentes a los sacerdotes para que puedan ser subordinados. a los sacerdotes pueden dominarlos y vivir a sus propias expensas (a veces muy feudales).

Si escribe los nuevos Diez Mandamientos en un círculo en el sentido de las agujas del reloj, las primeras cinco observaciones se refieren a la persona misma o su mundo interior. Pasas a través de ti mismo, tus pensamientos, sentimientos y palabras hasta los hechos que tienen efectos manifiestos en el medio ambiente. Esto nos lleva a los segundos cinco mandamientos, que conciernen a las diversas formas y niveles del mundo exterior, desde la propiedad material e intelectual, pasando por el vecino o la comunidad, la vida, el medio ambiente hasta el universo entero. Depende de todos decidir si uno lo imagina animado o espiritual. La gente creyente usaría la palabra "Dios" para referirse a él, lo cual es comprensible para mí, pero no es absolutamente necesario.

Si consideramos los efectos de la observación insuficiente o excesiva (quiero ignorar el desprecio por un momento) de todos los mandamientos, tenemos que encontrar que la observancia de cada mandamiento individual afecta a los otros nueve mandamientos en mayor o menor medida. Todos tienen una conexión interna. Incluso quiero llegar tan lejos que no sea posible guardar u observar nueve de estos nuevos Diez Mandamientos e ignorar el décimo, cualquiera que sea. Descuidar incluso un mandamiento conduce a por lo menos descuidar los otros nueve, si no significa que algunos o todos ellos también se ignoran temporalmente. Ignorar o descuidar estos mandamientos no es un pecado y, por lo tanto, no necesita ser confesado a un pastor. Ni la enfermedad, la muerte, la condenación eterna ni la agonía están amenazadas. Si encontramos una lista casi interminable de mandamientos en el Antiguo Testamento, cuya no observancia se castiga con la muerte del pecador, entonces en la Iglesia Católica también están los siete pecados capitales o pecados graves que resultan en la pérdida de la divinidad. gracia, exclusión del reino de Cristo y muerte eterna en el infierno.

Arrogancia (orgullo, vanidad, soberbia)

Avaricia (avidez, codicia)

Lujuria (libertinaje, indulgencia, deseo, falta de castidad)

Enfado (ira, mal genio, rabia, venganza)

Gula (exceso, intemperancia, egoísmo)

Envidia (celos, resentimiento)

Pereza (cobardía, ignorancia, cansancio, indolencia de corazón)

Cuando uno mira los muchos escándalos que actualmente sacuden a la Iglesia Católica, uno duda que los clérigos siquiera crean lo que están predicando.

Nuevos Diez Mandamientos
Diez Mindfulness

1. Observa tu mismo

2. Observa tus pensamientos

3. Observa tus sentimientos

4. Observa tus palabras

5. Observa tus acciones

6. Observa la propiedad

7. Observa la comunidad

8. Observa la vida

9. Observa el ambiente

10. Observa el universo

Observa el universo

Observa el ambiente

Observa la vida

Observa la comunidad

Observa la propiedad

Observa tu mismo

Observa tus pensamientos

Observa tus sentimientos

Observa tus palabras

Observa tus acciones

Observaciones preliminares

Utilizo el término "observa" en todos mis Diez Mandamientos. Me refiero a esto en el sentido de "estar atento a lo que allí pasa", "prestar atención", pero también en el sentido de "preocupa y cuidarlo" o "toma conciencia de las consecuencias de prestar atención o no prestar atención". Esta expresión es mucho menos rigurosa que "deberías" o "no deberías", pero sobre todo evita las consecuencias resultantes. Un "deberías/no deberías" solo tiene sentido si hay consecuencias, por ejemplo, sanciones, por incumplimiento. Aquí la Iglesia Católica ha creado un ingenioso instrumento para el dominio de las personas al introducir la confesión. Como poder gobernante y dominante, ha inducido a sus súbditos gobernados a denunciar voluntariamente todas las transgresiones. Como recompensa para los pecadores arrepentidos, después de unos Padres Nuestros o rosarios, hubo la absolución. Entre los cientos de miles de pastores en todo el mundo, la Iglesia Católica probablemente tiene la red de información con el mejor personal del mundo. Gracias al secreto de la confesión por un lado y la obediencia al Papa, este informante funcionó perfectamente durante siglos. En caso de duda, la iglesia ha entendido muy bien cómo usar su conocimiento de las atrocidades para ejercer presión sobre sus creyentes si es de utilidad para la iglesia. Por otro lado, nunca ha tenido un problema con potentados y dictadores, si ya eran católicos de buen comportamiento y posiblemente lucharon contra comunistas incrédulos, como lo demostró inquietantemente la visita del Papa Juan Pablo II al dictador Pinochet en Santiago de Chile en 1987. Este "observa" es un llamado a la conciencia a no hacer algo simplemente por hábito o por mera imitación.

19

Observa
tu mismo

Probablemente se sorprenderá de que ponga este mandamiento o este mindfulness pleno primero y no al final. Para mí, la secuencia de los mandamientos fue clara con relativa rapidez. La cuestión de cuál es el primero y cuál es el último me ha preocupado durante mucho tiempo. Después de una cuidadosa consideración, llegué a la conclusión de que "observa tu mismo" debe colocarse al principio. ¿Cómo podrías prestar atención a todas las demás cosas si no te estuvieras prestando atención a ti mismo? Pero esto no es una licencia para egocéntricos o narcisistas, porque tienen un enfoque excesivo en sí mismos y descuidan el respeto por todo lo demás, especialmente por sus semejantes.

Este "observa tu mismo" suena similar al bíblico "ama a tu prójimo como a ti mismo". Amar y observar son similares, pero también diferentes. El polo opuesto del amor es el odio. Probablemente hay relativamente pocas personas a las que realmente amas y aún menos a las que realmente odias. Pero hay muchas, muchas personas a las que ni amas ni odias. La petición de amar al prójimo como a uno mismo conduce fácilmente a una actitud utópica: "¡Todos nos amamos tanto, no hay crímenes en nuestro mundo!" El amor que se otorga al prójimo es muy modesto.

La declaración "observa tu mismo" básicamente significa que eres tú quien tiene que cuidarte. ¿Por qué deberían cuidarte los que te rodean si no te cuida a ti mismo? Observa tu salud, tu dieta, tu vida familiar y tu círculo de amigos, tu educación y carrera profesional, tu cosmovisión o religión, etc., etc. Sin embargo, esto también significa que en situaciones desagradables no buscas principalmente a otra persona para culpar por ello. En mi experiencia, casi nunca se trata de una cuestión de culpa, sino más bien, de la causa. Seguramente conoces el dicho: "¡Todos son herreros de su propia felicidad!" No solo eres responsable de tu felicidad, sino también de tu infelicidad, de toda tu vida en general.

Si te cuidas, basarás principalmente tus decisiones en tus valores y no en los deseos de los demás. Entonces ya no te permitirás estar tan fuertemente influenciado por la presión de los compañeros o la publicidad, sino que llevarás una vida cada vez más autodeterminada. Esto lo hará más equilibrado y satisfecho, y no se desviará tan fácilmente del rumbo en caso de eventos desagradables.

Si puedes cambiar la situación, ¡cámbiala enérgicamente! Si no hay forma de que lo cambie en absoluto, o en este momento, ¡aguante con paciencia! La agresión, el agrazón y el enfado solo cuestan mucha fuerza, en muchos casos solo empeoran tu situación sin que nada mejore. A menudo, incluso se vuelve ciego ante las oportunidades de mejora que surgen con el tiempo. "Molesto" significa hacer que una situación que ya es "mala" sea incluso "peor". La mayoría de las veces, la persona que causó su enojo no nota nada. Pero con eso llegamos al siguiente mindfulness.

Observa
tus pensamientos

Es bien sabido que los pensamientos son libres. Eso es cierto, pero los pensamientos básicamente tienen dos tendencias. Por un lado, se esfuerzan por realizarse y, por otro lado, atraen a otras personas que albergan pensamientos similares. Piensa en cuántos pensamientos, ideas, deseos y concepciones te inoculan desde fuera en el transcurso de un solo día. Estos no son solo los cientos de mensajes publicitarios de la industria y la política, sino también las muchas expresiones y comentarios conscientes o, a menudo, inconscientes de las personas que lo rodean. Si este "pre pensar" del otro no llevara a un "para pensar" (inconsciente) contigo, la publicidad sería ineficaz.

Cuando un pensamiento, idea o concepto se repite suficientes veces, automáticamente lo tomamos como verdadero. En el caso de los niños, donde la conciencia crítica aún no se ha desarrollado o no es lo suficientemente fuerte, estas ideas naturalmente funcionan de manera mucho más rápida y eficaz. Ahora probablemente comprenderá por qué prácticamente todas las comunidades religiosas toman este pensamiento, ¿o debería decir adoctrinamiento? - comienzan en los primeros días de la infancia, porque luego estas personas cuelgan de una cinta de plomo invisible. ¿Cuántas personas crees que se convertirían en miembros de la Iglesia Católica hoy, por ejemplo, si solo pudieran unirse a la fe como adultos, como era costumbre hace dos mil años?

Uno de los principios fundamentales del periodismo es: "Only bad news are good news" (Sólo las malas noticias son buenas noticias). Lo que se quiere decir con esto es que los informes de "Sex and Crime" traen considerablemente más circulación, oyentes o espectadores y, por lo tanto, ingresos publicitarios que buenas noticias. No quiero que solo mires el mundo a través de lentes de color rosa, eso sería tan poco realista y tampoco beneficioso para tu bienestar. Pero piense cuántas de las "malas noticias" realmente tiene que incluir, cuántas son realmente absolutamente necesarias e indispensables para sus decisiones y estilo de vida.

Trate de decidir por sí mismo cuáles y cuántos pensamientos, ideas o mensajes publicitarios se le pueden transmitir o imponer desde el exterior. Pero lo que puedes determinar tú mismo, en cualquier caso, son todos esos pensamientos que piensas fuera de ti mismo. Por supuesto, esto también incluye decidir qué libros leer, qué películas ver y con qué personas hablar sobre qué tema. Pero también tenga en cuenta que los pensamientos, independientemente de si fueron pensados por tu mismo o traídos desde el exterior, no sólo "flotan libremente en el espacio", sino que también provocan reacciones en otro nivel.

Los impulsos de pensamiento, las ideas, son el punto de partida de todas las acciones, pero es bien sabido que los pensamientos por sí solos no son suficientes para mover nada ni siquiera un milímetro. Incluso la voluntad tan cacareada no hace nada en la mayoría de los casos, porque en su mayoría es solo una idea, una ilusión. Esto es comparable a un folleto de una hermosa casa de vacaciones. Puedes "soñar contigo mismo" en este lugar, pero para llegar realmente allí, debes reunir una buena cantidad de energía y una determinación realmente firme para hacer algo. En nuestro caso, nuestros sentimientos son la fuerza y el motor para la implementación de pensamientos y el logro de metas, idealmente auto establecidas. Esto nos lleva al siguiente mindfulness.

Tercer Mandamiento – Tercer Mindfulness

Observa
tus sentimientos

Si volvemos a mirar las malas noticias del capítulo anterior, por ejemplo, informes de delitos, aumento de las cifras de incidencia o unidades de cuidados intensivos de corona sobrecargadas, esto también crea sentimientos en nosotros. Tenemos miedo, nos enojamos o nos sentimos mareados. Si los pensamientos, ideas o concepciones dan la dirección, por así decirlo, entonces los sentimientos son la fuerza que nos impulsa en esa dirección, o el freno que nos paraliza. Por sentimientos no me refiero sólo a los "grandes sentimientos" de los que nos damos cuenta, como la alegría, el miedo, la ira, el amor, la soledad, la esperanza o la desesperanza. Me refiero, sobre todo, a esos pequeños sentimientos o fluctuaciones en los sentimientos que siempre ocurren cuando experimentamos, hacemos o pensamos algo. Principalmente percibimos los sentimientos como una reacción a alguna situación, es decir, al resultado de algo en lo que no podemos influir. Para la mayoría de nosotros, los sentimientos son inconscientes.

Si ahora le pido que "observa tus sentimientos", entonces quizás responda: "¿Cómo debo hacer eso cuando surgen en el área inconsciente?" Es cierto, difícilmente puede dejar que un sentimiento surja voluntariamente. Pero hay una conexión simple. Cuanto más te ocupes de algo que te asusta, más fuerte se vuelve el miedo y, en determinadas circunstancias, puede convertirse en pánico, del que ya no podrás escapar. En principio, esto también se aplica a todos los demás sentimientos. Pero eso no significa nada más que tener una oportunidad indirecta de controlar sus emociones, simplemente haciendo esto, dependiendo de lo que esté tratando. En el curso de la llamada pandemia de la corona en particular, el gobierno alimentó temores muy fuertes, que después de poco tiempo resultaron ser en gran parte infundados. Sin embargo, muchas personas todavía se ven afectadas por estos miedos intangibles en sus acciones.

Pero también hay otro aspecto que resulta interesante. Me gustaría ilustrar esto con un pequeño experimento mental. Imagínese que hay un hermoso cuenco lleno de naranjas maduradas al sol sobre la mesa. Tomas uno de ellos, te lo llevas a la nariz e inhalas el maravilloso aroma de estas naranjas maduradas por el sol. Toma un cuchillo afilado y corta la naranja por la mitad, vuelve a dividir la mitad y luego toma esa cuarta parte en su mano. Lentamente te llevas esta rodaja de naranja a la boca, hueles el maravilloso aroma de estas naranjas maduradas por el sol aún más intensamente que antes. Abres la boca y le das un buen mordisco a la naranja y su jugo agridulce salpica en tu boca. Anticipándose al jugo de naranja que viene, su cuerpo y sus glándulas salivales ya han reaccionado. ¡No hay naranja! Solo lo imaginabas. Lo sorprendente de esto es el hecho de que, incluso para una reacción física manifiesta, casi no importa si la naranja está realmente ahí o si simplemente la has imaginado. La diferencia suele estar solo en la intensidad. O, dicho de otra manera, los sentimientos se generan a través de la imaginación, que puedes controlar conscientemente con tus pensamientos. Cuanto más lo enfrentas, más fuertes se vuelven tus sentimientos. Ahora depende de ti si "alimentas" el miedo, la soledad y la desesperanza y así los refuerzas, o si generas amor, alegría, confianza y esperanza.

Los sentimientos negativos debilitan su desempeño y su sistema inmunológico, lo deprimen y lo enferman. Los sentimientos positivos fortalecen su energía y su salud. Por tanto, observa tus sentimientos, porque modulan tus palabras y son el motor de tus acciones y, por tanto, de toda tu vida.

Observa
tus palabras

No solo importa lo que diga, sino cómo lo diga. "El sonido hace la música" es el dicho popular. ¡Cuán a menudo una sola palabra pronunciada rápidamente (sin pensarlo) se ha convertido en causa de una disputa o discusión! Por lo que soy de la opinión de que no hay palabras irreflexivas, sino que son palabras que no fueron controladas o formuladas por pensamientos conscientes. El área automática del cerebro, el subconsciente, desencadenó una reacción verbal en combinación con el mundo emocional. En muchos casos, estos se caracterizan por el miedo o la agresión y, por lo tanto, a menudo desencadenan una reacción correspondiente. La conversación, que en sí misma comenzó pacíficamente, se convierte en un debate y luego en una charla de batalla. Ya no se trata de quién tiene la razón o de los mejores argumentos, ¡sino solo de derrotar al otro! Una vez que una palabra como esta se ha escapado de su boca, generalmente es muy difícil y requiere mucho tiempo encontrar el camino de regreso a una base de conversación normal.

Si bien los pensamientos y sentimientos en gran parte solo tienen lugar dentro de usted y los demás solo pueden percibirlos o al menos sospecharlos por su postura o expresión facial, las palabras son un contacto directo con el medio ambiente. La expresión "palabras" aquí representa la totalidad de la comunicación interpersonal, incluido el tono de voz, la velocidad del habla, las expresiones faciales, los gestos y el lenguaje corporal.

Muchos malentendidos surgen únicamente del hecho de que la otra persona es mentalmente diferente a ti. Cuando comienzas a hablar, todos los pensamientos y sentimientos, recuerdos y experiencias que están relacionados con lo que quieres decir también están presentes para ti al mismo tiempo. La otra persona solo escucha las pocas oraciones que usted está diciendo con eficacia. Por lo tanto, tiene sentido si usa algunas palabras u oraciones para guiar mentalmente a su contraparte al área de la que desea hablar con él ahora. Por el contrario, tiene sentido preguntar si algo no le parece claro.

Por un lado, las palabras pueden inspirar, pero por otro lado también pueden herir rápidamente a alguien, es decir, a veces pueden desencadenar sentimientos muy violentos en los demás. Esto también incluye el área que regula el mandamiento bíblico *"No dirás contra tu prójimo falso testimonio."*, abreviado en términos cristianos a "no mientas". Desafortunadamente, la condena absoluta de la falsedad es teóricamente sensata y comprensible, pero en la práctica no deja de ser problemática. Esto no debería significar que esté a favor de la mentira, pero en muchos casos las desviaciones más pequeñas o más grandes de la "pura verdad" no solo son útiles para vivir juntos, sino que a veces incluso son demandadas directamente socialmente. Si todas las personas SIEMPRE dicen la verdad y nada más que la pura verdad, entonces tendríamos una guerra permanente de todos contra todos y probablemente la humanidad habría perecido como resultado.

Sin embargo, especialmente en el curso de la crisis de Corona, encontré cada vez más que, contrariamente a la ponderación de diferentes enfoques y puntos de vista habituales en el discurso científico, en muchos casos las "verdades" postuladas por los políticos son incluso brutalmente ejecutadas con leyes que surgió de una manera cuestionable. Esto suele ser un signo inequívoco de las dictaduras como las conocemos de la ex Unión Soviética o China, pero debería ser imposible en las democracias. Por tanto, presta atención a tus palabras.

Observa
tus acciones

Cada acción que realiza en última instancia tiene su punto de partida en un pensamiento, por lo que es completamente irrelevante si lo ha pensado de manera consciente y voluntaria, como una reacción involuntaria a la información que ha recibido o como resultado de la manipulación dirigida a través de la publicidad, economía, prensa, política o religión. No hay que olvidar la influencia de familiares, amigos, compañeros de trabajo o vecinos en este sentido. Muchos pensamientos solo se iluminan brevemente como una estrella fugaz y luego se queman, para no volver a ser vistos. Muchos están condenados al fracaso simplemente por los créditos iniciales mentales "en realidad debería". Además, en su mayoría susurrados, los impedimentos (en realidad: factores de nocaut) son: "¡Si fuera tan fácil, todos lo harían!", "¡Nunca podrás hacerlo!", "¡Probablemente pienses que eres más inteligente que los demás!", "Ya lo intenté y fallé, ¡ahórrese esta experiencia!"

Aunque generalmente pensamos que hacemos la mayoría de nuestras acciones consciente y voluntariamente, la realidad es muy diferente. Y eso sigue siendo algo bueno. Todas las actividades más complejas y recurrentes, como conducir un automóvil, están controladas casi exclusivamente por nuestro subconsciente. Nuestra conciencia y la decisión voluntaria casi solo se utilizan para decidir "cuándo" y "dónde" queremos ir. O en situaciones críticas atípicas para las que no existen hábitos o rutinas almacenadas. A menudo tomamos decisiones conscientes que en realidad no son óptimas. Por tanto, tiene sentido, entre otras cosas, realizar una formación en seguridad del conductor, en la que se advierte cómo actuar correctamente en determinadas situaciones de peligro y esto también se practica varias veces para que pueda ser rebobinado como programa estándar por el subconsciente.

Así que hacemos muchas cosas exactamente de esta manera, porque siempre lo hemos hecho de esa manera, porque todos lo hacen de esa manera, o porque no sabemos de otra manera. A menudo, sin embargo, dañamos o prejudicamos a otras personas con nuestras acciones sin que nos demos cuenta de inmediato. Esto a menudo conduce a ofender a la otra persona y, por lo tanto, a una ruptura de la relación. A veces, esto también se acepta conscientemente con la esperanza de que el otro no se entere. Solo quiero mencionar el asunto aquí.

Excepto en situaciones en las que estamos bajo órdenes o instrucciones, somos completamente libres de decidir qué hacemos, cómo lo hacemos y si lo hacemos. Desafortunadamente, usamos esta libertad muy pocas veces.

Con tus hechos muestras las relaciones con tus semejantes, cambias y moldeas tu entorno. Al hacerlo, eres un poco menos libre que con tus pensamientos, porque hay convenciones y tradiciones sociales por un lado y regulaciones y leyes por el otro. Estos a veces no son comprensibles y tampoco comprensibles. Sin embargo, generalmente solo hay dos formas: la manera fácil de adherirse a ellas y la manera bastante trabajosa y tediosa de intentar cambiar tales reglas, regulaciones y leyes.

Estas son los cinco mandamientos de las que somos los únicos responsables y que podemos controlar por completo desde dentro. Los siguientes mandamientos se refieren a nuestro estar en el mundo y nuestra interacción con él.

Observa
la propiedad

Este mandamiento es mucho más amplio que los dos bíblicos *"no hurtarás"* y *"no codiciarás la casa de tu prójimo: no codiciarás la mujer de tu prójimo, ni su siervo, ni su criada, ni su buey, ni su asno, ni cosa alguna de tu prójimo"*. Porque hay muchas situaciones en las que no se roba nada, pero no se respeta suficientemente la propiedad ajena, pero también la tuya.

Ya sea por negligencia o daño intencional o simplemente por desaliño y falta de custodia, cuidado y uso. Con qué frecuencia se tiran las cosas simplemente porque ya no son tan bonitas como cuando las compraron, porque ya no funcionan tan perfectamente, porque la carga de la batería no dura tanto, o simplemente porque ya hay una nueva, ¿modelo „mejor "?

No quiero impedir que compre un nuevo teléfono celular, por ejemplo, cuando lo desee. Pero antes de comprarlo, piense si realmente se trata de un uso cuidadoso de los recursos o si su uso subjetivamente mayor realmente vale la pena. Y si es así, entonces quizás considere darle una segunda vida a su viejo teléfono antes de tirarlo. Es cierto que hoy vivimos en lo que se conoce como una sociedad de usar y tirar. Con la producción industrial cada vez más eficiente, en muchos casos es más barato comprar una pieza nueva que reparar la vieja. Sin embargo, muchos productos ya se fabrican con un punto de rotura predeterminado, de modo que se rompen después de un cierto período de tiempo, de modo que se garantiza la necesidad permanente de sustitución y, por tanto, la producción continua. En muchos casos, sin embargo, también existe una alternativa cuidadosa. Los productos similares de mayor calidad, que ciertamente también son más caros, tienen una vida útil mucho más larga. Si convierte el precio en la vida útil del producto, estos suelen ser incluso significativamente más baratos que los llamados productos baratos. Además, tiene un producto de alta calidad y no tiene que preocuparse por el desgaste o fallas, generalmente en momentos completamente inadecuados. Hay un dicho inglés muy apropiado: „I'm not rich enough to buy cheap things" que significa traducido "No soy lo suficientemente rico para comprar cosas baratas".

Por propiedad no solo me refiero a lo que generalmente se conoce como bienes raíces u otra propiedad, como automóviles, teléfonos celulares, computadoras portátiles, muebles, ropa y similares, sino también la propiedad intelectual de personas individuales, así como adelantos culturales, religiosas y tradicionales. Pero también peculiaridades de comunidades más pequeñas o más grandes. Es precisamente con esta propiedad intelectual o cultural que muchas personas encuentran difícil de respetar, especialmente cuando contradicen sus propios puntos de vista u opiniones. Sin embargo, es particularmente importante que este respeto sea mutuo. No puede ni debe ser que la tolerancia se responda con intolerancia. ¡No hay derechos de propiedad sobre la verdad, ni las declaraciones pueden convertirse en verdades por medio de una resolución legal u ordenanza! En mi opinión, ¡no existe una religión o ideología absolutamente verdadera! Todas las cosmovisiones que las personas que no están de acuerdo con él consideran incrédulos, inferiores o tontos no tienen nada que ver con una sociedad abierta y tolerante. Solo crean conflictos y los dividen. Con eso también tenemos la transición al séptimo mindfulness: "Observa la comunidad".

Observa
la comunidad

Es realmente interesante que no haya dos cebras con el mismo patrón de rayas, que no haya dos personas con las mismas huellas dactilares y los mismos colores de iris en sus ojos. En pocas palabras, todas las personas son diferentes y eso es bueno. No importa lo diferentes que seamos los humanos, también hay similitudes en origen, idioma, cultura, religión, educación, intereses, etc. Por lo tanto, hay y siempre ha habido comunidades de diferentes tamaños y con diferentes objetivos que dan forma a la vida y hacen que la supervivencia de cada uno de sus miembros más fácil o incluso posible en primer lugar. Probablemente la comunidad más pequeña sea la del matrimonio o la sociedad, luego la de los hijos o con los padres, la de la familia extendida, el clan, la tribu, la comunidad del pueblo, etc.

Este "observa la comunidad" es mucho más completa que el tan citado amor bíblico al prójimo, que ni siquiera está contenido en los Diez Mandamientos. Pero también va mucho más allá de *"Honra a tu padre ya tu madre"*. Como miembro de una comunidad, debes cumplir con ciertas reglas para que la convivencia prospere. Sin embargo, también puedes contribuir a cambiar estas reglas anteriores o, en la mayoría de los casos, también puedes abandonar una comunidad si ya no te consideras parte de ella. Por supuesto, puede suceder que las reglas o hábitos de dos comunidades a las que perteneces difieran o incluso se contradigan. Entonces tienes que buscar una solución, incluso si te separas de una comunidad.

El respeto a la comunidad no solo afecta a la comunidad a la que perteneces, sino también a todos los demás. De ahí que incluya el bíblico *"no cometerás adulterio"* así como *"No codiciarás la casa de tu prójimo: no codiciarás la mujer de tu prójimo, ni su siervo, ni su criada, ni su buey, ni su asno, ni cosa alguna de tu prójimo"*.

Para mí, la actitud de los esclavos de toda dignidad humana es una burla. Desafortunadamente, esto no solo se piensa en el Antiguo Testamento, donde Yahvé se refiere a los israelitas como sus esclavos, sino también en el Nuevo Testamento, ¡porque incluso Pablo habla alabanzas de la esclavitud!

(Lev 25,42) porque son mis siervos [hebreo: ebed = esclavo], los cuales saqué yo de la tierra de Egipto: no serán vendidos a manera de esclavos [ebed]

(1 Cor 7,21) ¿Fuiste llamado siendo esclavo? No te preocupes, aunque si tienes oportunidad de hacerte libre, aprovéchala,

Además, en todos los siglos, la iglesia nunca ha tenido problemas con la esclavitud y la servidumbre, siempre que los gobernantes fueran cristianos bien educados. Además, ha hecho mucho para asegurar que el conocimiento permanezca oculto detrás de los muros del monasterio y que la gente esté y permanezca espiritualmente esclavizada por ignorancia. Incluso si la esclavitud ya no existe oficialmente hoy en día, muchas personas que trabajan para grandes corporaciones son tan económicamente dependientes con salarios bajos que a veces amenazan la existencia, que es como ser un esclavo. Este "observa la comunidad" es un llamado a cada individuo para que no se perturbe la convivencia muy sensible en las comunidades. Es una toma y daca mutuo. Este equilibrio debe mantenerse, de lo contrario, la comunidad domina demasiado a sus miembros o los intereses individuales superan. En ambos casos será destruido y hecho añicos. No puedes salvar al mundo entero, pero puedes hacer mucho con la observancia en tus comunidades.

Octavo Mandamiento – Octavo Mindfulness

Observa
la vida

El octavo mindfulness "observa la vida" va mucho más allá del séptimo "observa la comunidad", pero también la incluye de cierta manera. Si el séptimo mandamiento se trata de la coexistencia consciente de las personas y la interacción consciente con ellas, entonces el octavo mandamiento se refiere a todo lo que vive.

"No matarás", o como se traduce parcialmente como "no asesinarás", representa solo un pequeño aspecto del respeto por la vida. Si lees el Antiguo Testamento con atención, lamentablemente tienes que reconocer que es precisamente este mandamiento la mayoría de las veces ignorado incluso en nombre de Yahveh. En total, el Antiguo Testamento informa no menos de noventa y nueve guerras, actos de guerra o batallas. En la mayoría de los casos con cierto orgullo, ya que los israelitas salieron victoriosos en la mayoría de los casos.

El respeto por la vida es mucho más para mí y no puede reducirse a la cuestión de la vida o la muerte. Aparte de las sustancias puras tierra, rocas, agua y aire, estamos prácticamente siempre y en todos partes rodeados de vida. A veces más intensamente de lo que nos gustaría, especialmente cuando se trata de moho, bacterias, virus o los llamados bichos o parásitos. Si no los combatimos (matamos), entonces nuestra propia vida se vuelve muy problemática o puede terminar prematuramente. Tiene que haber una compensación. Pero incluso aquí se puede disparar demasiado por celo y destruir las "plagas" de buena fe, pero al mismo tiempo también matar una miríada de insectos beneficiosos o liberar espacio para otros microorganismos no menos peligrosos. En una persona sana, el sistema inmunológico puede combatir y matar casi todos los gérmenes dañinos por sí solo. En muchos casos, los síntomas de la enfermedad ni siquiera aparecen y, a menudo, no es necesario ningún medicamento y, desde luego, ninguna de las llamadas "vacunas". La lista actual de daños y muertes por vacunas probablemente sea más larga que los éxitos anunciados.

Observar la vida comienza con la convivencia en la familia y la comunidad y termina con el respeto por toda la vida en la tierra. No quiero elogiar la dieta vegetariana o vegana, ni quiero despreciar a sus defensores. Para mí, depende mucho más de las circunstancias y actitudes hacia la matanza de animales para comer. Aquí, tanto la cría como el sacrificio pueden tratarse con mucha o poca atención. Incluso en la naturaleza tan pacífica y hermosa, hay una comida completamente despiadada y un ser devorado en gran parte. Y en la mayoría de los casos, se trata de un mecanismo de autorregulación. Desafortunadamente, esto solo lo rompieron los humanos, por envidia de la comida, al exterminar al lobo, por ejemplo. El aumento resultante de ciervos rojos ahora debe ser regulado nuevamente por los cazadores para que no destruyan los cultivos. Respetar la vida también significa no atormentar, herir, reprimir o intimidar a nadie.

¡Observa la vida también significa "observa la vida por nacer"! Entiendo que un embarazo no deseado después de una violación representa un enorme problema (psicológico) y que la vida de la madre y sus familiares se sopesa con la vida del feto. Sin embargo, casi no entiendo que, con las opciones anticonceptivas de hoy en día, muchos abortos todavía se llevan a cabo en relaciones intactas, a menudo solo debido al sexo "incorrecto" del feto. Desde mi punto de vista, aquí falta muchísimo el correspondiente respeto por la vida.

Noveno Mandamiento – Noveno Mindfulness

Observa
el ambiente

El noveno mindfulness "observa el ambiente" va mucho más allá del octavo "observa la vida", pero también lo incluye de nuevo de cierta manera. Si el octavo mandamiento trata sobre el manejo cuidadoso de todos los seres vivientes, el noveno mandamiento simplemente afecta todo y todo lo que nos rodea, sin importar si es animado o inanimado.

Incluye muchos temas que a menudo son destacados por varios grupos con, en algunos casos, acción global. Si bien algunas afirmaciones están justificadas, al menos a primera vista, a menudo resultan problemáticas en una inspección más cercana. Es cierto que los autos eléctricos producen significativamente menos o ninguna emisión cuando están en uso. Después de todo, no se quema gasolina ni gasóleo. Pero la cantidad de gases dañinos para el clima y procesos que dañan el medio ambiente se producen en la fabricación de coches eléctricos y especialmente baterías, en algunos casos supera con creces la de los coches demonizados con motores de combustión interna. No se debe descuidar el trabajo infantil inhumano, por ejemplo, en la extracción de cobalto. En última instancia, también surge la pregunta: ¿De dónde debería provenir toda la electricidad para los automóviles? Es una burla insuperable cuando los políticos sugieren que todos en casa deberían tener un generador de gasóleo para ello.

Las centrales eléctricas existentes ya están en su límite de capacidad y los apagones a corto plazo están a la orden del día. A su vez, más electricidad de las centrales eléctricas de carbón aumenta las emisiones de polvo fino y CO_2. Más electricidad de las plantas de energía nuclear significa más desechos nucleares que deben mantenerse seguros durante miles de años. Además, los políticos de algunos países quieren desconectarlos por completo pronto. Operar autos eléctricos con electricidad de petróleo crudo o gas natural no tiene sentido, ya que el grado de eficiencia es mucho menor que si el petróleo crudo se quemara directamente en el automóvil. Por otro lado, ¿no es sorprendente por qué el CO_2 supuestamente dañino (pero en realidad completamente no tóxico) en los invernaderos industriales se aumenta artificialmente a aproximadamente tres veces el valor para que las plantas crezcan más rápido? La solución es muy simple: el azúcar y el almidón son carbohidratos que, como su nombre indica, se forman a partir de dióxido de carbono, es decir, CO_2 y agua. Cuando se queman o digieren, se descomponen nuevamente en estas dos sustancias: el ciclo se cierra. Las plantas de energía eólica favorecidas hoy producen electricidad de forma demasiado irregular, generan mucho ruido y tienen un impacto masivo en el medio ambiente. Para poder almacenar esta electricidad, muchas centrales eléctricas de almacenamiento tendrían que construirse lo más alto posible en las montañas. Estas y muchas líneas aéreas largas con una gran pérdida de línea tendrían que construirse a un alto costo, ya que las áreas donde se produce la electricidad, donde se almacena y donde se consume están ubicadas en áreas muy alejadas entre sí.

Los sistemas solares en cualquier techo adecuado podrían producir electricidad de manera descentralizada e independientemente de los apagones locales o nacionales. Si trabaja en la oficina en casa y puede reunirse y discutir con otros en videoconferencias en lugar de tener que viajar por todo el país o el mundo entero en aviones o automóviles, se hace más por el medio ambiente que en tantas manifestaciones de protesta de "Friday-for-Future" (viernes para el futuro). Menos tiempo en el automóvil y más tiempo libre también mejoran el equilibrio y el bienestar de la vida personal y laboral. Las frutas, verduras, cereales y carne de los agricultores locales y los productos de las empresas comerciales e industriales locales, en lugar de los productos importados de las grandes corporaciones, también fortalecen la economía local.

Estos son solo algunos pensamientos sobre el "observa el ambiente". Todos los días, todos tenemos la oportunidad de hacer algo conscientemente por el medio ambiente y, por lo tanto, por una vida mejor para nosotros y para todas las personas cuando tomamos decisiones individuales, incluso las pequeñas.

Observa
el universo

El décimo mandamiento – el décimo mindfulness – es por un lado el más completo de todos, pero por otro lado también el menos concreto. Por el término universo, me refiero no solo al universo físico con todos sus miles de millones de galaxias y estrellas, sino especialmente a todas las fuerzas que trabajan en él, sin importar si ya las conocemos o no, si podemos medirlas y calcularlas o no, lo creamos o no. Para mí también incluye toda la zona de lo etéreo, el alma y lo espiritual en la medida en que va más allá del individuo personal.

Entiendo muy bien cuando las personas racionales, pero también materialistas o especialmente los científicos tienen un problema con las últimas declaraciones porque simplemente no las entienden o no tienen sensorio para ellas. Por otro lado, hay tantas personas, si no significativamente más, que no comprenden ni la interacción fuerte ni la débil, y tampoco la teoría de la relatividad. Conoces el efecto de la electricidad, el magnetismo y la gravedad, pero tampoco puedes explicar sus principios físicos. Sin embargo, lo que se encuentra con ellos es alguna forma de fe, no necesariamente en el sentido de una religión fundada teológicamente, sino simplemente una premonición, una conjetura o un sentimiento de que hay "más cosas entre el cielo y la tierra de las que tenemos con el nuestro saber entendimiento" (Lao Tse). O como Hamlet le dice a Horacio: "Hay más cosas en el cielo y en la tierra de las que puede soñar con la sabiduría de su escuela (original: filosofía)".

Muchos científicos también han tenido sospechas o experiencias de este tipo y, a menudo, simplemente no se atreven a darlo a conocer públicamente porque opinan que su reputación científica se vería afectada por ello.

Realmente no importa si se trata de un solo dios gobernante sin reservas, o solo responsable de los propios creyentes, o una trinidad de dioses, un Olimpo completamente ocupado con doce dioses principales, dioses secundarios, semidioses, titanes, gracias o musas. También es irrelevante si son gnomos, elfos, ninfas, faunos, alba, demonios, sílfides, espíritus del bosque, trollas o enanos. Ángeles, arcángeles, querubines y serafines, así como demonios, Satanás y Lucifer también pertenecen a esta categoría. Algunos creen en ellos, algunos los piden ayuda o los adoran, otros los ven como la causa de desgracias y enfermedades. Para muchos, estos seres, independientemente de que se puedan probar o no, son simplemente parte de sus vidas y también un apoyo.

Sea lo que sea o en quien crea, trate de respetar estas fuerzas y seres del universo. Así como no puedes evadir las leyes físicas, por ejemplo, la gravedad, así como no puedes evadir las leyes y seres espirituales del alma, si existen. La palabra universo se compone del latín "unum = uno" y "versus = vuelto". Si giras alrededor de tu propio eje una vez, entonces has captado todo tu entorno, tu universo, incluso si no lo has visto todo hasta el último infinito. Solo trata de vivir en armonía con todo lo que te rodea, es decir, con TU universo en paz y armonía.

Perspectiva

Especialmente en tiempos turbulentos como el actual, es importante que no nos dejemos llevar sin rumbo fijo. De lo contrario, nos convertiremos en una víctima fácil de los poderes que quieren lo mejor de nosotros, no lo que es mejor para nosotros, es decir, nuestra libertad, nuestra soberanía y nuestro dinero. Por tanto, es necesario que pensemos por nosotros mismos y actuemos con confianza. Los actuales diez mandamientos nuevos son una guía sencilla para lograr la mayor autodeterminación posible y, al mismo tiempo, la menor influencia posible sobre nuestros semejantes y el medio ambiente.

La felicidad no es el resultado del trabajo duro o la riqueza. La felicidad es una especie de equilibrio entre las metas aspiradas y las alcanzadas, el trabajo y el ocio, el tiempo para uno mismo y el tiempo para los demás, pero también el dinero disponible libremente y los deseos materiales abiertos. Desafortunadamente, la publicidad agresiva de la economía ha llevado a que muchas personas vivan en la rueda del hámster según el siguiente lema: "Compran con dinero que no tienen, cosas que no necesitan para impresionar otras personas que no les agradan". Por cierto, la trayectoria profesional en muchas profesiones también se parece más a una rueda de hámster: tienes la sensación de que estás subiendo la escalera profesional, de hecho, estás pedaleando en el acto y el jefe y los propietarios están contentos con tu gran desempeño. Y si ya no puede hacerlo, entonces "puede" bajarse de la rueda de hámster con su agotamiento o ataque cardíaco, y el próximo tendrá una oportunidad. La enfermedad puede y nunca debe ser un precio adecuado a pagar por la consecución de un objetivo profesional, económico o material. Tu salud es demasiado valiosa y única. Incluso si la medicina moderna puede hacer maravillas en muchos casos, mantener la salud natural sigue siendo mucho más útil que restaurarla. Tras los golpes del destino o tras cambios importantes, como los provocados por la crisis de la Corona, vuelve a surgir para muchas personas la cuestión del sentido de la vida. Desde mi punto de vista, no existe el único propósito, el propósito último de la vida. Si esto existiera, la vida dejaría de tener sentido una vez que se haya logrado este objetivo. Para mí resulta que durante todos los años de tu vida no hay solo un significado, sino que el respectivo significado principal también puede cambiar. Si el significado de la vida de un niño pequeño, en resumen, se basa en aprender a caminar y hablar, entonces es aprender y hacer contactos sociales durante el horario escolar. Después de eso, el significado de la vida es principalmente conseguir un trabajo, encontrar un compañero de vida, alquilar o comprar un apartamento o construir una casa y posiblemente criar hijos. Siempre que se logre uno de estos objetivos, debe haber una reorientación, de lo contrario existe el riesgo de quedarse estancado en el desarrollo personal de alguna manera. Salir de los hijos, o hoy en día con mucha más frecuencia el único hijo, se convierte en una gran cuestión de significado para muchas madres. Especialmente cuando (como era mucho más común en el pasado) no están en el trabajo y solo están en casa. De repente, a veces incluso de un día para otro, el significado de la vida durante los últimos veinte años o más ya no existe, caes en un agujero profundo y, en determinadas circunstancias, te deprimes mucho. La situación es similar para muchos (principalmente hombres) con el shock de las pensiones.

No solo en esta situación es importante que todos se den un sentido (principal) y varios sentidos secundarios. En muchos casos, estos nuevos sentidos u objetivos no tienen por qué ser útiles y rentables desde un punto de vista económico. Si la base económica y financiera está en su lugar, entonces sin duda es hora de volver a sus talentos e intereses a menudo ocultos u olvidados. Conozco un caso en el que la maestra de educación artística le explicaba a esta niña que no podía pintar, que era un anti talento artístico solo porque no pintaba de la manera que la maestra había imaginado. Pasaron años y décadas sin que ella volviera a coger un cepillo. ¿Por qué debería haberlo hecho ella también? Sin embargo, utilizó muchas otras técnicas artísticas y obtuvo resultados realmente excelentes. Cuando sus hijos llevaban mucho tiempo fuera de casa y su trabajo había terminado, e su marido estaba celebrando su septuagésimo cumpleaños, quería que su esposa le pintaran un cuadro. Tenía la firme convicción de que con su vena artística ella también debería poder pintar. El resultado de su primer intento de pintar fue simplemente impresionante. Desde entonces ha pintado muchos cuadros con acrílico y óleo. La pintura no es el significado de su vida ahora, pero le ha aportado un significado adicional, alegría y variedad a su vida.

Hace más de dos mil años, el poeta romano Horacio resumió su sabiduría en dos palabras: "carpe diem", generalmente traducido como "usa el día". Incluso si el beneficio se corresponde más con el estilo de vida alemán o cristiano-occidental, todavía hay una diferencia no insignificante con el significado original "elige el día". Es una metáfora y está destinada a expresar la recogida y recolección de frutas o flores maduras, es decir, disfrutar del momento sin esfuerzo, tal como está, por ejemplo, presente en la experiencia sensual de la naturaleza. En realidad, este es un estado paradisíaco, donde no tienes que trabajar la tierra con el sudor de tu frente, sino que estás feliz y contento con lo que te ofrece la naturaleza. A las personas que se bajan de la cinta de correr a menudo se las llama despectivamente artistas de la vida. Es un verdadero cumplido si alguien entiende el arte de vivir y no es un fracaso o un "chapucero". Desafortunadamente, en la escuela solo estamos abarrotados de conocimientos, a veces muy cuestionables, pero el arte de vivir y ser feliz no se enseña.

Ya en el siglo XVIII había una declaración en el código legal de Bután, un pequeño reino en el Himalaya, que debería aplicarse a todos los países de la tierra: "Si el gobierno no puede crear felicidad para su gente, entonces no hay razón para ello existencia de este gobierno". Los factores para la felicidad nacional en Bután son: justicia social, libertad cultural, igualdad legal y sostenibilidad ecológica, pero no riqueza y prosperidad. Los tres primeros recuerdan mucho el grito de batalla de la Revolución Francesa con la libertad, la igualdad, la fraternidad. Desafortunadamente, estos valores a menudo se han torcido en Occidente y la libertad de acción solo se aplica a las corporaciones globales y su libertad fiscal. La igualdad se aplica sobre todo a las grandes masas en términos de sus ingresos y riqueza en gran medida igualmente bajos. En su mayor parte, la fraternidad solo se practica en los distintos grupos de presión, cofradías y partidos políticos en beneficio propio y en detrimento del pueblo. No podemos esperar que renuncien a sus privilegios por su propia voluntad. Pero cada uno de nosotros puede hacer su parte para ayudar a hacer del mundo un lugar más pacífico, para que todos seamos un poco más felices y contentos.

TU es el centro de tu universo, depende de TU, sea el punto de partida para el cambio para mejor:

¡Carpe diem – elige el día!

Publikationen der Geschichtswissenschaftlichen Gesellschaft Wien

Publicaciones de la Sociedad de Ciencias Históricas de Viena

Hasta ahora, todos los libros se han publicado en alemán, algunos pronto también se publicarán en inglés.

Los libros individuales también se publicarán en español en una fecha posterior.

Puede obtener todos los libros directamente en la tienda de la editorial: www.bod.de/buchshop/, en todas las librerías o en Internet.

Erhard Zauner

Neue
Zehn Gebote
– Zehn Achtsamkeiten –
für die Zeit
von und nach Corona

Ein Entwurf für neue, allgemein gültige Gebote,
die allen Menschen unabhängig von ihrer Religion
oder ihrem Glauben als ethische Richtschnur
ihres Handelns dienen können

Erhard Zauner

DIE UNHEILIGE SCHRIFT

Die Kriminalgeschichte von Jahwe und seinem auserwählten Volk
Was wirklich in der Bibel steht. Band 1:
Von der Schöpfung bis zum Auszug aus Ägypten

Wer glaubt, dass die Bibel eine „Heilige Schrift" sei, die das barmherzige Wirken des lieben, guten Gottes schildert, der von Anbeginn an durch alle Zeiten für alle Menschen da ist, der hat sie nicht gelesen. Das Gegenteil ist wahr. In dieser „UN-heiligen Schrift" finden wir alle verabscheuungswürdigen Verbrechen wie Krieg, Mord, Menschenopfer, Lüge, Betrug, Ehebruch, Polygamie, Inzucht, Frauenfeindlichkeit, Genitalverstümmelung, Menschenhandel, Sklaverei, Rassismus, Fremdenhass, Götzenanbetung, Rache, Raub und vielfachen Völkermord. Begangen werden all diese Verbrechen von Jahwe selbst, von seinem auserwählten Volk oder den Säulenheiligen des Alten Testaments, zumeist sogar noch von Jahwe selbst dazu angestiftet. Obwohl diese zigmal Jahwes Gebote und Gesetze brechen, werden sie dafür nicht bestraft, während einfache Menschen oft wegen kleinster Vergehen von Jahwe selbst getötet werden. Jahwes Auftreten, sein Verhalten und sein Charakter sind so unterschiedlich, dass man davon ausgehen muss, dass der Jahwe der Schöpfung und des Paradieses, der Jahwe der Sintflut, der Jahwe der Patriarchenzeit und der Jahwe der Ägyptischen Plagen und des Auszuges nie und nimmer ein und dieselbe Person (oder Gott) gewesen sein können. Wussten Sie,

• dass es zwei gänzlich unterschiedliche Versionen der Schöpfung gibt?

• dass die verfluchte Schlange später von den Israeliten verehrt und ihr geopfert wurde?

• dass Jahwe in der Bibel achtzehnmal einen Bund schließt und keinen einzigen hält?

• dass Abraham seine Schwester heiratet und sie mit zwei weiteren Männern vermählt?

• dass Jakob mit zwei Schwestern und zwei weiteren Frauen gleichzeitig verheiratet ist?

• dass Mose einen Mord begangen hat, bevor er zum Religionsgründer wird?

• dass Jahwe Mose zum Gott für den Pharao macht?

• dass Jahwe Hörner wie ein Wildstier hat?

• dass Jahwe sich selbst nicht als Gott aller Menschen, sondern nur der Israeliten betrachtet?

• dass Jahwe sich jahrhundertlang nicht einmal um sein auserwähltes Volk gekümmert hat?

• dass Jahwe millionenfache Genitalverstümmelung verlangt, und Jesus dies gutheißt?

LA SANTA ESCRITURA DE LA ONU

La historia criminal de Yahvé y su pueblo elegido
Lo que realmente está en la Biblia. Parte 1:
De la creación al éxodo de Egipto

The English edition of this book is in preparation!

Erhard Zauner

THE UN HOLY SCRIPTURE

The criminal story of Yahweh and his chosen people - or -
What is really in the Bible: From creation to the exodus from Egypt

Anyone who believes that the Bible is a "holy scripture" that describes the merciful work of the dear, good God, who has been there for all people from the beginning through all times, has not read it. The opposite is true. In this "UN Holy Scripture" we find all despicable crimes such as war, murder, human sacrifice, lies, fraud, adultery, polygamy, inbreeding, misogyny, genital mutilation, human trafficking, slavery, racism, xenophobia, idol worship, revenge, robbery and multiple genocide. All these crimes are committed by Yahweh himself, by his chosen people or the pillar saints of the Old Testament, mostly even instigated by Yahweh himself. Although these dozens of times break Yahweh's commandments and laws, they are not punished for it, while ordinary people are often killed by Yahweh himself for the smallest offenses. Yahweh's appearance, behaviour and character are so different that one has to assume that the Yahweh of creation and Paradise, the Yahweh of the Flood, the Yahweh of the Patriarchal Period and the Yahweh of the Plagues of Egypt and the Exodus never ever could have been the same person (or God). Did you know...

• that there are two completely different versions of creation?

• that the cursed serpent was later worshiped and sacrificed by the Israelites?

• that Yahweh makes a covenant 18 times and does not keep a single one?

• that Abraham marries his sister and wed her to two other men?

• that Jacob is married to two sisters and two other women at the same time?

• that Moses committed murder before he became a founder of the religion?

• that Yahweh made Moses God for Pharaoh?

• that Yahweh has horns like a wild bull?

• that Yahweh does not regard himself as God of all people, but only of the Israelites?

• that Yahweh did not even care for his chosen people for centuries?

• that Yahweh demands millions of genital mutilations and that Jesus approves of it?

Erhard Zauner

EXODUS - ÉXODO

Der mehrfache Auszug der Juden aus Ägypten nach
biblischen, außerbiblischen und ägyptischen Quellen

El éxodo múltiple de los judíos de Egipto
según fuentes bíblicas, extrabíblicas y egipcias

Aufgrund eines völlig neuen Ansatzes gelingt es dem Autor die biblische Geschichte von Abraham bis David in ein komplett neues Licht zu rücken. Der
lückenlose Stammbaum aller Nachkommen von Jakob bis König David zeigt,
dass sich das gesamte Geschehen, das in der Bibel, je nach Zählung, zwischen
400 und 1000 Jahre dauert, effektiv innerhalb von nur 10 Generationen oder
etwa 200 Jahren abspielt. Erst mit der um 300 Jahre verkürzten ägyptischen
Chronologie wird die biblische Geschichte nachvollziehbar. Unter
Berücksichtigung von außerbiblischen Berichten vom Exodus können Paralle-
len in der ägyptischen Geschichte und Literatur gefunden werden.

Die biblische Geschichte ist ein Patchwork von verschiedenen Erzählungen,
die am Gerüst des fiktiven Stammbaumes von Abraham befestigt wurden.
Trennt man diese, so können viele Stellen des AT der ägyptischen Geschichte
zuordnet werden, allerdings in einer komplett anderen Reihenfolge. Das führt
zur Erkenntnis, dass es mehrere Auszüge verschiedener Gruppen zu verschiedenen Zeiten unter unterschiedlichen Bedingungen gibt. Der erste Exodus findet am Ende der 6. Dynastie, der nächste am Ende der 12. Dynastie anlässlich
der Katastrophe durch den Ausbruch des Vulkans Thera statt. Diese Katastrophe findet sich in den ägyptischen Plagen wieder. Weitere Auszüge gibt es
während der 18. Dynastie bei der Vertreibung der Hyksos, unter Amenophis
III. (Zeit von König David) und bei Tutanchamun. Unter dem goldenen Pharao kommt es zu einer antiken Verschwörung und nach der Auffindung seines
Grabes zu einer zweiten, neuzeitlichen Verschwörung.

Erhard Zauner

Autonomes und lebenslanges Lernen: ein modernes, 2000 Jahre altes, Prinzip

Erstaunliche Aktualität des spätjüdischen Bildungssystems

3. erweiterte Auflage

Autonomes und lebenslanges Lernen, sind die beiden pädagogischen Grundprinzipien der Juden schlechthin. Sie haben im
Judentum einen mindestens zweitausendjährigen erfolgreichen
Praxistest hinter sich. Obwohl heute in der pädagogischen Literatur oft gefordert, werden sie noch immer viel zu selten und wenig
effizient umgesetzt.

Hier könnte viel in kurzer Zeit bewegt werden, würde man die
bewährte Methode übernehmen. Dabei gäbe es allerdings ein Problem: Diese beiden Grundwerte werden den jüdischen Kindern
von ihren Müttern bereits mit der Muttermilch verabreicht. Man
müsste also zuerst die Eltern erziehen. (Goethe in Zahme Xenien:
„Man könnt' erzogene Kinder gebären, wenn die Eltern erzogen
wären.")

Ergänzt werden die Ausführungen noch durch die Rollenfunde
vom Toten Meer, die uns Einblicke in das jüdische Leben in der
Zeit um Christi Geburt geben, die 2000 Jahre unverändert erhal-
ten geblieben sind, und daher keinerlei Zensur oder „Verschli-
mmbesserung" unterworfen waren.

Aprendizaje autónomo y permanente: un principio moderno de 2000 años

Sorprendentemente actualidad del sistema educativo judío tardío

The English edition of this book is in preparation!

Erhard Zauner

Autonomous and Lifelong Learning: a Modern, 2000-Year-old, Principle

Amazingly topicality of the late Jewish education system

3rd expanded edition

Autonomous and lifelong learning are the two basic educational principles of the Jews. In Judaism you have passed a practical test that has been successful for at least two thousand years. Although these days it is often required in educational literature, they are still implemented far too seldom and inefficiently.

A lot could be moved here in a short time if the tried and tested method were adopted. There would be a problem with this, however: These two basic values are given to Jewish children by their mothers in their mother's milk. So, you would have to raise your parents first. (Goethe in Zahme Xenien: "You could have brought up children if the parents were brought up.")

The explanations are supplemented by the scroll finds from the Dead Sea, which give us insights into Jewish life around the birth of Christ, which have remained unchanged for 2000 years, and therefore were not subject to any censorship or "deterioration".

Erhard Zauner

Die Jesus Sensation

Die Entschlüsselung des essenischen Sonnenkalenders
von Qumran und der Chronologie der Evangelien

Die Lösung des größten Rätsels der Menschheit

Nach fünfzigjähriger Beschäftigung ist es dem Autor erstmals gelungen, mit Hilfe von Angaben aus den Schriftrollen vom Toten Meer, des Talmuds und des Neuen Testaments, eine eindeutige Zuordnung des essenischen Sonnenkalenders von Qumran zum julianischen Kalender zu erstellen und zu beweisen.

Johannes der Täufer und Jesus haben demnach die Feste nach diesem Qumran-Kalender gefeiert. Ebenso wurden ihre Zeugungs-, Geburts-, Kreuzigungs- bzw. Sterbedaten danach tradiert. Mit nur ganz wenigen Adaptierungen lassen sich praktisch alle chronologischen Angaben der Evangelien und der außerbiblischen Schriften in diesem Sonnenkalender in eine sinnvolle stimmige Abfolge bringen. Das Ergebnis wird allerdings für manche sehr überraschend sein, da sich vieles damals eben nicht so abgespielt hat, wie es in liebevoller Tradition verbreitet wird. Außerdem wurde der offizielle Tempelkult zumindest bis kurz vor die Zeitenwende auch nach dem Qumrankalender zelebriert.

Johannes und Jesus stehen voll und ganz in der jüdischen Tradition und haben nie und nimmer jene neue Religion begründet, die als Christentum weltweite Verbreitung gefunden hat. Diese Verfälschung der urchristlichen Lehre von Johannes und Jesus geht primär auf Paulus, dann auf die Diener des römischen Kaiserhofes und in der Folge auf die Katholische Kirche, den Vatikan und die machtbesessenen Päpste zurück.

La sensación de Jesús

El desciframiento del calendario solar esenio de Qumran
y la cronología de los evangelios

La solución al mayor misterio de la humanidad

¡La edición alemana de este libro se publicará pronto!

74

The English edition of this book is in preparation!

Erhard Zauner

The Jesus Sensation

The deciphering of the Essenian solar calendar of Qumran and the chronology of the Gospels

The solution to humankind's greatest mystery

After fifty years, the author has succeeded for the first time, with informations from the Dead Sea Scrolls, the Talmud and the New Testament, to create and prove a clear correlation between the Essenian solar calendar of Qumran and the Julian calendar.

So he can definitely state that John the Baptist and Jesus celebrated the feasts according to this Qumran calendar. Their dates of begatting, birth, crucifixion and death were also passed on afterwards. With just a few adaptations, practically all chronological information from the Gospels and the extra-biblical writings can be put into a meaningful, coherent sequence in this solar calendar. The result will, however, be very surprising for some, as a lot of things did not happen back then as it is spread in loving tradition. In addition, the official temple cult was celebrated according to the Qumran calendar, at least until shortly before the new era.

John and Jesus stand completely in the Jewish tradition and have never, ever founded that new religion which, as Christianity, has spread throughout the world. This falsification of the early Christian doctrine of John and Jesus is primarily due to Paul, then to the servants of the Roman imperial court and subsequently to the Catholic Church, the Vatican and the power-obsessed popes.

Erhard Zauner

Die Templer, Baphomet, das Turiner Grabtuch und der Heilige Gral

Eine neue Sicht auf 2000 Jahre Geschichte

¡La edición alemana de este libro se publicará pronto!

Los Templarios, Baphomet, la Sábana Santa de Turín y el Santo Grial

Una nueva perspectiva sobre 2000 años de historia

The English edition of this book is in preparation!

Erhard Zauner

The Templars, Baphomet, the Turin Shroud and the Holy Grail

A new view at 2000 years of history

Studien zur Philosophie von Karl Popper 1
Erhard Zauner

Die offene Bildungsgesellschaft und ihre Feinde

Poppers Gesellschaftskritik mit Blick auf das Bildungssystem

Estudios sobre la filosofía de Karl Popper 1

La sociedad educativa abierta y sus enemigos

La crítica de Popper a la sociedad con miras al sistema educativo

Studien zur Philosophie von Karl Popper 2
Erhard Zauner

Eine kritische Betrachtung der Theorien von Karl Raimund Popper

Die Weiterentwicklung des »kritischen« zum »toleranten« Rationalismus
und der »offenen« zur »offenen toleranten« Gesellschaft

Estudios sobre la filosofía de Karl Popper 2

Una mirada crítica a las teorías de Karl Raimund Popper

El avance del "racionalismo crítico" al "racionalismo tolerante"
y de la "sociedad abierta" a la "sociedad tolerante abierta"

Studien zur Philosophie von Karl Popper 3
Erhard Zauner

Die offene tolerante Gesellschaft mit human-kapitalistischer Marktwirtschaft

Entwurf einer neuen gerechteren Wirtschafts- und
Gesellschaftsordnung basierend auf Volks-Souveränität,
individueller Freiheit und minimaler staatlicher Intervention

Estudios sobre la filosofía de Karl Popper 3

La sociedad abierta y tolerante con una economía de mercado capitalista humana

Redacción de un nuevo orden económico y social más justo basado en la soberanía de los pueblos, la libertad individual y la mínima intervención estatal

¡Estos tres libros solo se publicarán en alemán!

Hans Gruber, Leo Munt, John Seberg, Rüdiger Seten und Yvonne Wayne

Der Maya-Kalender 3114 v.Chr.-2100 n.Chr.

Haab - Tzolkin - Long Count für jeden einzelnen Tag

El calendario maya 3114 AC - 2100 DC

Haab - Tzolkin - Cuenta larga para todos los días

¡El texto adjunto está solo en alemán!

El interés en el calendario maya ha aumentado en los últimos años y décadas. Y no solo en grupos de especialistas, sino sobre todo en un público amplio. Hasta ahora solo ha habido ediciones relativamente caras de años individuales para el calendario maya, pero no hay una representación realmente completa de los tres sistemas de calendario mayas válidos uno al lado del otro para cada día individual, a saber, los calendarios Tzolkin y Haab y la Cuenta Larga. Con esta serie de libros queremos llenar este vacío y ofrecer una edición completa y económica del calendario maya desde su inicio en 3114 a. C. Hasta finales de este siglo.

Cada volumen comprende 100 años en tres páginas dobles, el volumen con el comienzo del calendario comprende 114 años. Hasta la reforma del calendario gregoriano el 4/15 octubre de 1582 es la base del calendario juliano, luego el gregoriano.

Además del "calendario del siglo", también hay ediciones especiales para los años 2001-2020, 2021-2030 y 2021-2050.

Éramos cinco trabajando en este trabajo, con un miembro del equipo responsable en última instancia de cada banda, por lo que decidimos mencionar solo a esta persona como el autor de la banda respectiva.

El equipo está formado por Hans Gruber, Leo Munt, John Seberg, Rüdiger Seten e Yvonne Wayne, cada uno de los cuales aportó sus conocimientos y habilidades especiales al proyecto para que tuviera éxito. ¡Esperamos que este trabajo sea de utilidad en sus estudios cronológicos!

Sonderausgaben - Ediciones especiales:

John Seberg

Der Maya-Kalender 2021-2030 n.Chr.

John Seberg

Der Maya-Kalender 2021-2050 n.Chr.

¡Estos libros solo se publicarán en alemán!